型紙いらずの着物リメイク
はおりもの ～ベスト・ジャケット・コート～

松下純子 (Wrap Around R.)

- 02 本書の着物リメイクの特徴
- 03 着物リメイクができるまで
- 04 トラッドベスト
- 05 トラッドベスト・ミディ
- 06 エポレットベスト
- 07 エポレットジャケット
- 08 ガウンコート
- 09 ガウンコート・ロング
- 10 つぼみボレロ
- 11 つぼみボレロ・あわせいろ
- 12 ふわりワンピースコート
- 13 ふわりワンピースコート・ロング
- 14 はおりえり
- 15 はおりえり・ショート
- 16 タウンコート
- 17 タウンジャケット
- 18 しまいろスカーフ
- 19 上　フリンジストール
-     下　ボンボンスカーフ
- 20 おりめシャツ
- 21 おりめシャツ・ロング
- 22 帯ジャン ＆ 帯ポシェット
- 23 帯ジャン・ファスナー
- 24 きものケープ・フード
- 25 上　きものケープ・ともえり
-     下　きものケープ・フェイクファー
- 26 あわせフリースベスト
- 27 あわせフリースコート
- 28 ワークボタンベスト
- 29 ワークボタンベスト・ショート
- 30 まる・ボンボン
- 31 しかく・バッジ
- 32 着物リメイク Q&A
- 33 作り始める前に
- 34 作り方解説ページ

本書の着物リメイクの特徴

季節の変わりめや、夏のクーラー対策に、さっと肩にかけられる
おしゃれで便利な"はおりもの"の着物リメイクブックです。
上質な絹やパリッとした木綿などの着物地でリメイクした"はおりもの"は
肌に心地よく着心地も抜群です。

本書の着物リメイクは、
ほどいて長方形になった着物地を
まっすぐ縫い合わせていくだけ。

着物は、基本の幅（前身頃、後ろ身頃にそで）と、
その半分の幅（えり、掛けえり、おくみ）の2種類だけで作られていますが、
この本でも、その2種類の幅だけでリメイクできるようにしました。
だからこそ、大切な着物にほとんどはさみをいれずに作ることができます。

どれも
●型紙いらず
●フリーサイズ
●直線縫いだけでできる
と、本書の洋服作りのルールはとてもシンプル。
ボタンホールは、布に穴を開けずに作る簡単なスタイルにしたり、
えりの部分もカーブして裁断するなんて難しいこともありませんから、
着物リメイクだけでなく、洋裁初心者さんでも安心して作れます。
また、作りたいと思ったら数時間で完成するのも嬉しいポイントです。

着物だんすをあけて、
眠っている大切な着物を
毎日でも着られる"はおりもの"に作りかえてみませんか？

着物リメイクができるまで

1 **下準備**

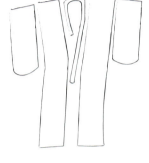

まず、片そでだけをほどき、寸法を測ってからぬるま湯と重曹で洗う（詳細は3参照）。陰干しして、中温でアイロンをあてたら（スチームにしない）再び寸法を測り、洗う前の寸法と洗ったあとの寸法を比較し、縮み具合を確認する。5cm以上縮んでいたら、残念ながらその着物はリメイクにむきません。3cm程度の縮みの場合は、もう一度洗って、乾かしてみて、それ以上縮まなければ使えます。

2 **着物をほどく**

もう片方のそで、えり、おくみを身頃からはずし、表地と裏地をはずす。最後に残りの部分を解体。古い着物は縫い糸が布になじみ、糸のすべりが悪くなっているので、引っ張らずに糸切りばさみかリッパーでひと目かふた目ずつ糸を切り、布を傷めないように丁寧にほどく。

3 **重曹で手洗いする**

たらい1杯分のぬるま湯（約30℃）に重曹、液体せっけんを大さじ1ずつ入れてよくかき混ぜる。そこに四角くたたんだ2を入れて10分ほどつけ込む（色落ちが激しい場合は、すぐにぬるま湯から引き上げて、水と重曹、液体せっけんを混ぜたものに5分程度つけ込む）。よくすすぎ、バケツ半分の水にクエン酸ひとつまみを入れ、3分ほどつけ、最後に、軽くしぼる。

※環境のためには重曹やクエン酸を使うのがおすすめ。なければ、おしゃれ着用の中性洗剤で水洗いしてもよい。

4 **陰干しする**

ぬれた着物地に軽く中温でアイロンをあてて、しわを伸ばしてから陰干しする。

5 **アイロンをあてる**

乾いたら、再度、着物地にあて布をして、アイロンをかけてしっかり伸ばす。

6 **ミシンで縫って完成！**

ウールや厚手の正絹、木綿は縫いやすいので初心者むき。綸子などのやわらかい布は、すべりやすく縫いにくいので、まち針を多めに打つなどするとよい。

トラッドベスト

華やかな柄の晴れ着なので、肩に黒地を入れることで全体のイメージを少し引き締め、ユニセックスなテイストに。柄が大きい着物地を洋服にする場合は、短めの丈で着る方がおすすめ。ひと手間かかるボタンホールはあえて作らず、縫い合わせ部分をあけることでボタンを通すデザインです。使用した着物地は正絹。

作り方はP34

トラッドベスト・ミディ

「トラッドベスト」(P4)より約6cm長い丈のベスト。厚手の紬(つむぎ)を使用しているので、同じデザインでも雰囲気が変わります。共布で作ったポケットを胸元につけて、メンズライクなイメージにしました。使用した着物地は正絹（紬）。

作り方はP34

エポレットベスト

腰まわりや太もものあたりがカバーできるロングベストは人気のアイテム。着物地を裏返してえりを作るので、生地は裏にも色があるものを使用してください。肩にベルトと金ボタンをつけることで全体のシルエットをややカチッとした印象に。実用性とデザイン性を兼ね、大きめのポケットもつけました。使用した着物地は正絹。

作り方はP40

エポレットジャケット

「エポレットベスト」(P6)にそでをつけ、丈は短めにしたジャケットです。ゆったりしたそでは着心地がよく、また、身体のラインもカバー。無地で作るとコーディネートの幅が広がり、柄入りだとジャケットそのものが主役に。生地選びの面白さが味わえるデザインでもあります。使用した着物地は正絹（紬）。

作り方はP40

ガウンコート

染める前の反物を使いました。シンプルな白だから、アクセントをつけるためにポケットは21×24cmのかなり大きめのサイズに。木綿のレースを着物地に重ねて作っています。ドレッシーな服にも、カジュアルな服にも合う1枚。使用した着物地は正絹（縮緬_{ちりめん}）。

作り方はP37

ガウンコート・ロング

「ガウンコート」(P8)にベルトをつけ、ロング丈にしました。光沢とグラデーション、そして地紋のある着物地で作ることにより大人っぽくエレガントな印象に。ロング丈だからこそ、シックなイメージの着物地で作ります。使用した着物地は正絹（綸子）。

作り方はP37

つぼみボレロ

主に、同じ幅の着物地を2枚つなげただけでできるはおりもの。カフス部分は着物のえりを使っています。こちらは、やわらかな身体のラインに添う着物地で作りフェミニンな印象に。使用した着物地は正絹（縮緬）。

作り方はP45

つぼみボレロ・あわせいろ

デザインは「つぼみボレロ」（P10）と同じですが、2枚の違う着物地をつないで作りました。上下逆さまにして着ると、イメージの変わる楽しいデザインです。はおるだけでなく、スカーフのように首に巻いても。小さくたためるので、季節を問わずバッグの中にしのばせておくと便利です。使用した着物地は正絹（茶色地は紬）。

作り方はP45

ふわりワンピースコート

ボトムにたっぷりとしたギャザーを入れて、歩くとふわりとゆれるフェミニンな印象のデザインです。しみや焼けが目立つ着物地でも、問題のある箇所をギャザーの部分に使うと目立たないように仕上げることができます。重ね着にしてワンピースとして楽しむことも。使用した着物地は正絹（綸子）。

作り方はP42

ふわりワンピースコート・ロング

「ふわりワンピースコート」(P12)よりも丈は長く、ギャザーは少ない、ストンとしたラインが特徴です。ひもがついているので、前をしめて着ることもできます。全体に柄の入った着物地を使って遊び心をプラスしました。使用した着物は正絹（綸子）。

作り方はP42

はおりえり・ショート

「はおりえり」(P14)よりも丈を短く、ウエストまでにしたデザインです。厚手の着物地を使って、ややカチッとしたイメージに。紬やウールで作るのもおすすめです。使用した着物地は正絹（縮緬）。

作り方はP48

タウンコート

しっかりとして、はりのある着物地で作ったコートです。難しそうに見えるえりですが、長方形の布を縫い合わせただけ。ボタンホールもわざわざ作らず、ボタン分のスペースをあけて直線縫いするだけと、見た目より、とても簡単に作れるのが特徴です。撥水加工のしてある雨コートなどをリメイクするとレインコートにもなります。使用した着物地は正絹（紬）。

作り方はP46

タウンジャケット

「タウンコート」(P16)をウエスト丈にし、薄くてパリッとした銘仙で作りました。銘仙は縫っているときに裂けやすいので扱いに注意してください。派手な色や大柄の着物地は、このようにショート丈に仕立てるとコーディネートしやすくなります。使用した着物地は正絹（銘仙）。

作り方はP46

しまいろスカーフ

同じ幅の着物地を5枚つなぎ合わせた88cm四方の大判ストール。布を少し重ねてジグザグミシンで縫うだけ。ボーダーの幅も色の組み合わせもお好みで自由自在にアレンジ可能。1枚あると、さっとはおれて便利です。使用した着物地は正絹。

作り方はP52

フリンジストール

同じ幅の着物地を中表に縫い合わせただけの長方形のストール。端にはさみを入れてフリンジにしました。フリンジの長さはお好みで。えり元の防寒やアクセサリーとして活躍します。使用した着物地は正絹。

作り方はP44

ボンボンスカーフ

着物地を4枚縫い合わせた正方形のストールの端に「ボンボン」(P30)をつけて。折りたたんでゴムでとめ、ヘアターバンとして使っても。表と裏で柄を変えると楽しいデザインになります。使用した着物地は正絹。

作り方はP60

おりめシャツ

エスニックテイストの小花柄の着物地を使用。胸元にピンタックをとることでデザインにアクセントをつけました。ボタンはループでひっかけるデザイン、下の方はスナップでとめています。両サイドには内ポケットをつけています。写真のようにミディ丈にすると、少しかわいらしい印象になります。使用した着物地は正絹（銘仙）。

作り方はP50

おりめシャツ・ロング

たて縞をいかして「おりめシャツ」(P20)をロング丈にアレンジ。ボタンやスナップをつけずに作っても。渋く、厚手の男着物で仕立ててもいいでしょう。使用した着物地は正絹（紬）。

作り方はP50

作り方はP54　帯ジャン ＆ 帯ポシェット　作り方はP53

帯芯のない袋帯でジャケットを作りました。かちっとした仕上がりでフォーマルな場にも十分着ていけます。帯の幅には差があるので、自分の体形に合わせて選んでください。生地が分厚くて幅が狭い帯は細身の方にむいています。前はホックでとめています。共布でポシェットも作りました。下にフリルをつけてかわいらしく仕上げた点もポイントです。使用した素材は帯。

帯ジャン・ファスナー

派手な刺繍が施された帯で遊びのきいたライダース風ジャケットを作成。「帯ジャン」(P22)のアレンジでファスナーで前をしめるデザインです。幅の広い帯から帯芯をはずして作っています。帯の裏に刺繍糸がたくさんある場合、針をひっかけないように注意して。革ジャン感覚で男性でも着られるテイストです。使用した素材は帯。

作り方はP54

きものケープ・フード

かすり模様の着物地で作ったフードつきのケープです。前はトックルボタンでとめて愛嬌のあるスタイルに。写真のように、肩のラインを少し後ろにずらして前上がりで着るのもいいですね。雨コートの生地などで作っても。使用した着物地はウール。

作り方はP56

きものケープ・ともえり

きものケープ・フェイクファー

「きものケープ・フード」(P24)のアレンジタイプで、フードはなく、長方形のえりをつけ替えることができます。ファーをつけると秋・冬仕様に、とも布のえりをつけると春・夏仕様にと一年を通して着られる1枚です。前はスナップのみでとめています。使用した着物地はウール（モスリン）。

作り方はP56

あわせフリースベスト

裏地にフリースをつけた少し厚みのあるそでなしのスポーティなスタイルのベスト。前はとめずに、サッと腕を通すだけ。家の中で、近所へのお買い物にと重宝します。使用した着物地は正絹。

作り方はP58

あわせフリースコート

「あわせフリースベスト」(P26)にそでをつけたアレンジタイプ。前はチャイナボタンでとめています。そで口のパイピングはデザインとしてのアクセントと端処理を兼ねた役割があり、一石二鳥です。すそには動きやすいようスリットを入れてあります。使用した着物地は正絹（紬）。

作り方はP58

ワークボタンベスト・ショート

「ワークボタンベスト」(P28)の丈を短くしたデザイン。花模様をいかすためにポケットはとも布で作りました。使用した着物地は正絹（縮緬）。

作り方はP62

まる・ボンボン

残ったはぎれから、大小さまざま、色とりどりのボンボンがうまれました。ブローチや、ヘアアクセサリー、シューズクリップとして楽しむことができます。使用した着物地は正絹。

> 詳しい作り方はP63

長方形の紙に細く裂いたはぎれを巻きつけ、紙を抜いて中心をぎゅっと絞り、わの部分にはさみを入れる。あとは丸い形に整えてゴムやピンなどをつけて完成！　自分自身のおしゃれのために、小さなプレゼントにいかがでしょう？

しかく・バッジ　はぎれを小さなクッションにして後ろにピンをつけるだけでバッジに。着物地選びだけでなく、ボタンを縫いつけたり、端をつまんでリボンタイスタイルにして楽しむこともできます。使用した着物地は正絹。

作り方はP61

着物リメイク Q&A

Q しみのある着物をうまく使うには？

A 内側に折り返す部分に使うといいでしょう。

小さなしみや日焼けがある着物を使う場合は、汚れが表から見えない内側や折り返し部分にくるようにしましょう。

Q 使わないほうがいい着物地はありますか？

A 縮みがはげしい、絞りの着物はむきません。

洗った際の縮みがはげしいため、絞りは洋服のお仕立てにはむきません。小物などに使うといいでしょう。また、すそやえりぐりなどの力のかかる部分の布は縦横に引っぱって、強度を確かめてから使いましょう。

Q 裁断したら、どの部分に使うものか分からなくなってしまった！

A マスキングテープで印をつけておくと便利です。

マスキングテープに、「身頃」など各名称を書いて、布の表に貼っておくといいでしょう。柄の上下もこうすると見分けられます。

Q 裁縫が苦手でまっすぐ縫えません！

A マスキングテープを利用しましょう。

写真のように、ミシンの針が落ちるところから、縫い代の分 1 cm 離れたポイントに、5 cm 長さのマスキングテープを貼り、そのラインに沿って着物地を置いて縫うと、縫い代 1 cm でまっすぐ縫うことができます。

Q ロータリーカッターで布を上手に裁つコツは？

A 下から上に！

写真のように着物地に直角定規を置いて、自分から見て下から上に、一気にロータリーカッターをすべらせると、きれいに布が裁てます。

Q どんな道具が必要ですか？

A 特別な道具はほとんどいりません。

ⓐミシン ⓑ針さし ⓒマスキングテープ ⓓ直角定規 ⓔカッティングマット ⓕメジャー ⓖチャコペンシル ⓗ目打ち ⓘリッパー ⓙロータリーカッター ⓚゴム通し ⓛ糸切りばさみ ⓜ手芸ばさみがあれば完璧です。ⓓⓔⓙ はなくても作れますが、着物地を扱うには、あるととても便利です。

Q 脇の縫い合わせが、ぐしゃぐしゃになってしまいます。

A 縫い代を縫わないようにしましょう。

よくある失敗がこれ。布を直角に縫い合わせるとき、縫い代の端まで縫ってしまうと布がつれてしわになり、見栄えの悪い仕上がりに。写真のように縫い代の手前で縫いとめ、縫い代を倒してから、また縫い始めましょう。

Q 着物を広げて裁つ場所がありません！

A 二つ折りにして裁てば OK。

長い布を裁つときは、写真のように、布を二つ折りにして裁断すれば、半分のスペースで OK。

作り始める前に

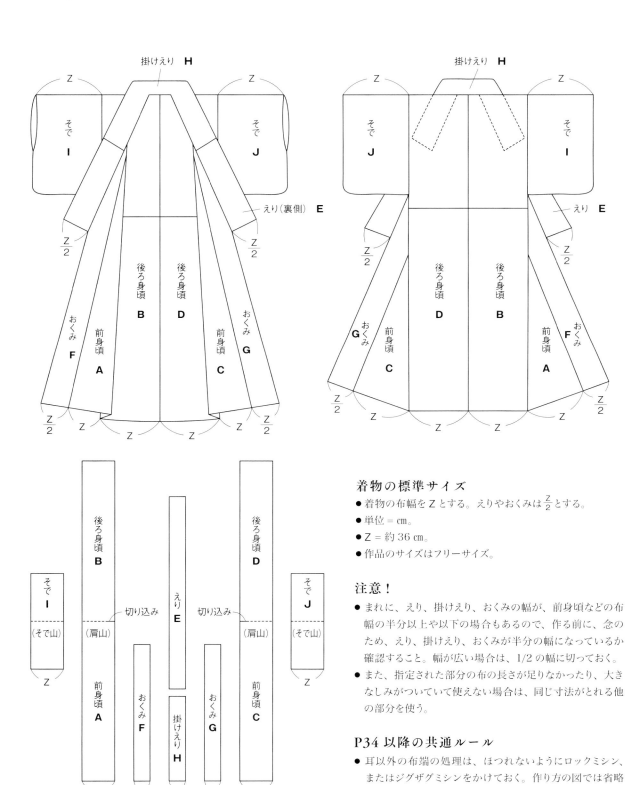

着物の標準サイズ
- 着物の布幅を Z とする。えりやおくみは $\frac{Z}{2}$ とする。
- 単位 = cm。
- Z = 約 36 cm。
- 作品のサイズはフリーサイズ。

注意！
- まれに、えり、掛けえり、おくみの幅が、前身頃などの布幅の半分以上や以下の場合もあるので、作る前に、念のため、えり、掛けえり、おくみが半分の幅になっているか確認すること。幅が広い場合は、1/2 の幅に切っておく。
- また、指定された部分の布の長さが足りなかったり、大きなしみがついていて使えない場合は、同じ寸法がとれる他の部分を使う。

P34 以降の共通ルール
- 耳以外の布端の処理は、ほつれないようにロックミシン、またはジグザグミシンをかけておく。作り方の図では省略している。※ 三つ折りにするところはかけなくてよい。
- 縫い糸はすべて、強度が強く縫いやすい、ポリエステルのミシン糸がおすすめ。

［作り方解説］

トラッドベスト

Photo P04,05

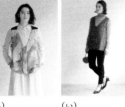

（あ）トラッドベスト　（い）トラッドベスト・ミディ

材料

（あ）
- 着物……1枚
- 肩用別布……黒、10×10cmを2枚
- 直径1.5cmのボタン……4個
- 1.2cm幅の伸びどめ接着テープ……40cm

（い）
- 着物……1枚
- 直径1.5cmのボタン……4個
- 1.2cm幅の伸びどめ接着テープ……40cm

作り方　※布端の処理はP33参照

1. 後ろ身頃を縫い合わせ、タックを作る
2. 後ろヨークと後ろ身頃を縫い合わせる
3. 肩布を後ろヨークにつける
4. 脇身頃を身頃につける
5. そでぐりを始末する
6. 後ろえりぐりを始末する
7. 左右の前中央をそれぞれ作る
8. 前身頃に前中央をつけ、前えりぐりを始末する
9. すそを始末する
10. ポケットを作り、つける［（い）のみ］

● 製図

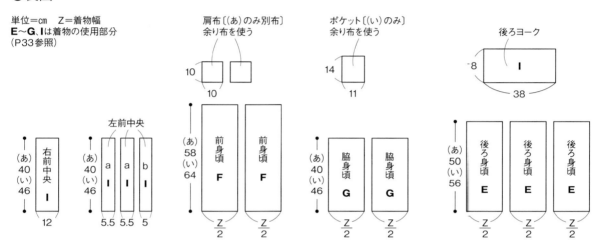

● でき上がり図

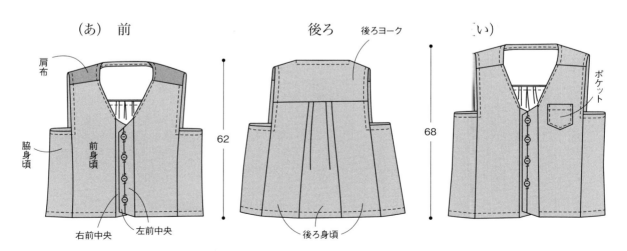

1. 後ろ身頃を縫い合わせ、タックを作る

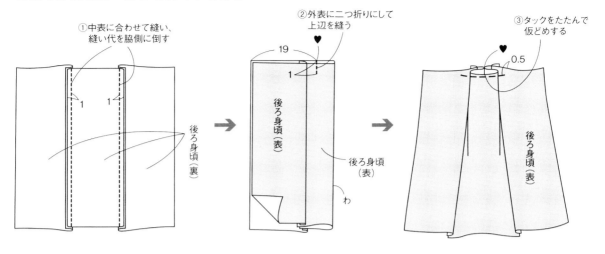

2. 後ろヨークと後ろ身頃を縫い合わせる

3. 肩布を後ろヨークにつける

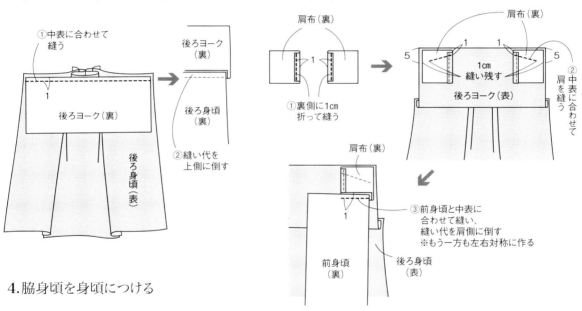

4. 脇身頃を身頃につける

5. そでぐりを始末する

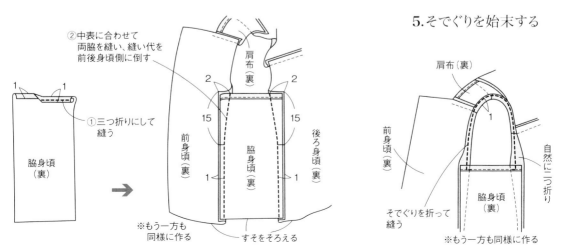

6. 後ろえりぐりを始末する

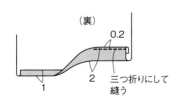

7. 左右の前中央をそれぞれ作る

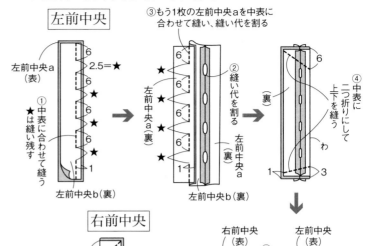

8. 前身頃に前中央をつけ、前えりぐりを始末する

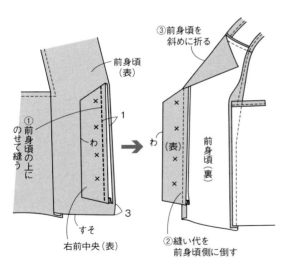

9. すそを始末する

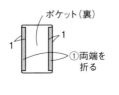

10. ポケットを作り、つける[（い）のみ]

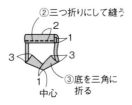
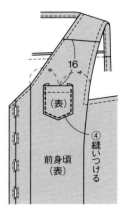

ガウンコート

Photo P08,09

（あ）
ガウンコート

（い）
ガウンコート・ロング

材料
（あ）羽織または着物……1枚
　　ポケット用レース布
　　　……23×29cmを2枚
　　1.2cm幅の伸びどめ接着テープ
　　　……120cm
（い）着物……1枚
　　0.7cm幅の綾ひも（ひも通し用）
　　　……8cm×2本
　　1.2cm幅の伸びどめ接着テープ
　　　……120cm

作り方　※布端の処理はP33参照
1. 前身頃のえりぐりを作る
2. ポケットを作り、つける［（あ）のみ］
3. 後ろ中央と後ろ身頃を縫い合わせ、肩ダーツを縫う
4. 肩を縫う
5. そでにまちをつけ、そで下を縫う
6. そで口を始末する
7. 脇を縫う
8. 身頃にそでをつける
9. 身頃にえりをつける
10. すそを始末する
11. ひもを作る

● 製図

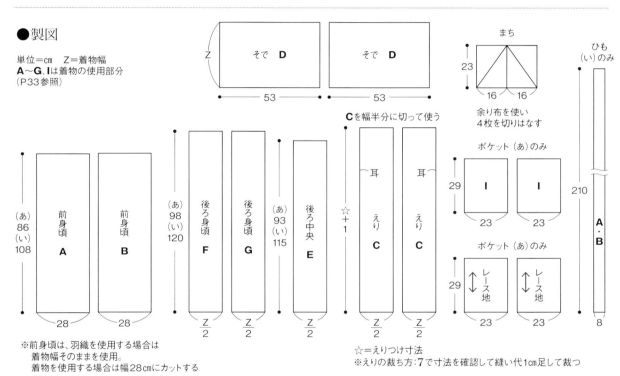

● でき上がり図

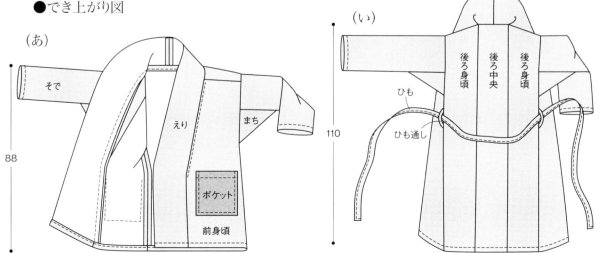

1. 前身頃のえりぐりを作る

2. ポケットを作り、つける [(あ)のみ]

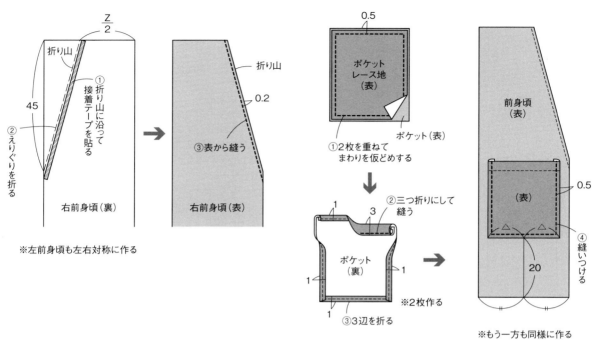

3. 後ろ中央と後ろ身頃を縫い合わせ、肩ダーツを縫う

4. 肩を縫う

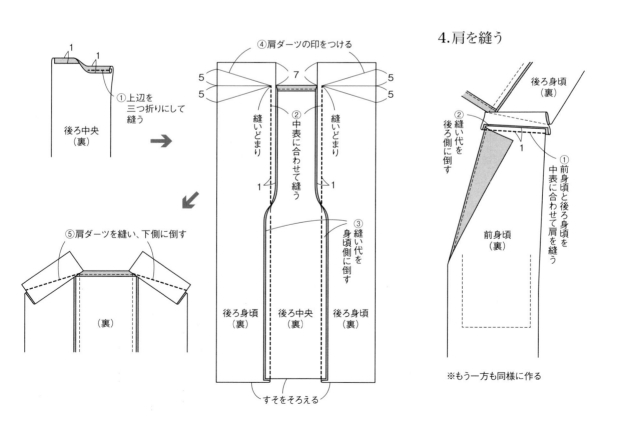

5. そでにまちをつけ、そで下を縫う

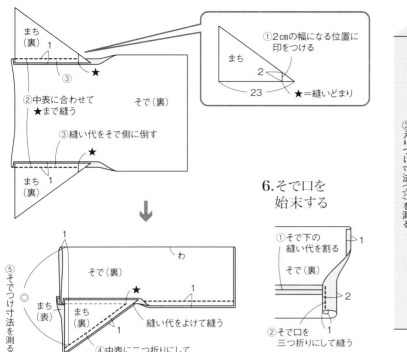

6. そで口を始末する

7. 脇を縫う

8. 身頃にそでをつける

9. 身頃にえりをつける

10. すそを始末する

11. ひもを作る

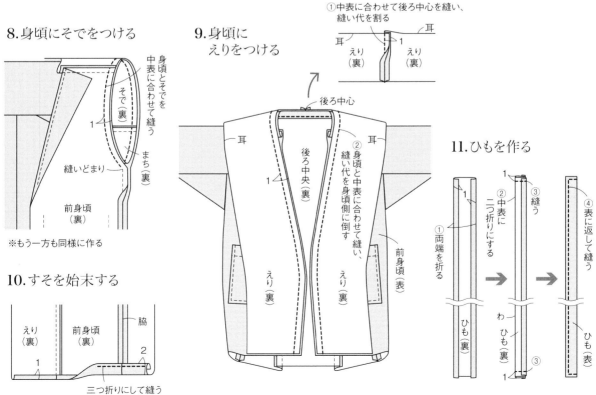

エポレットベスト

（あ）エポレットベスト　（い）エポレットジャケット

材料
（あ）着物……1枚
　　直径2.3cmの
　　足つきボタン
　　……3個
（い）着物……1枚
　　直径2.3cmの
　　足つきボタン
　　……3個

作り方 ※布端の処理はP33参照

1. 後ろ身頃を縫い合わせ、タックを作る
2. 後ろヨークと後ろ身頃を縫い合わせる（P35の2参照）
3. 肩布を後ろヨークにつける
4. 後ろえりぐりを始末する（P36の6参照）
5. 前身頃と肩布を縫い合わせる
6. 前えり部分を作り、前端を始末する
7. そでを作る（P39の5、6参照）［（い）のみ］
8. （あ）脇を縫う（（い）はP39の7①②参照。ただしひも通しはなし）
9. そでぐりを始末する［（あ）のみ］
10. 肩飾りを作る
11. （あ）肩飾りをつける
　　（い）肩飾りを肩に縫いつけ（でき上がり図参照）、そでをつける（P39の8参照）
12. すそを始末する（でき上がり図参照）
13. ポケットを作り、つける

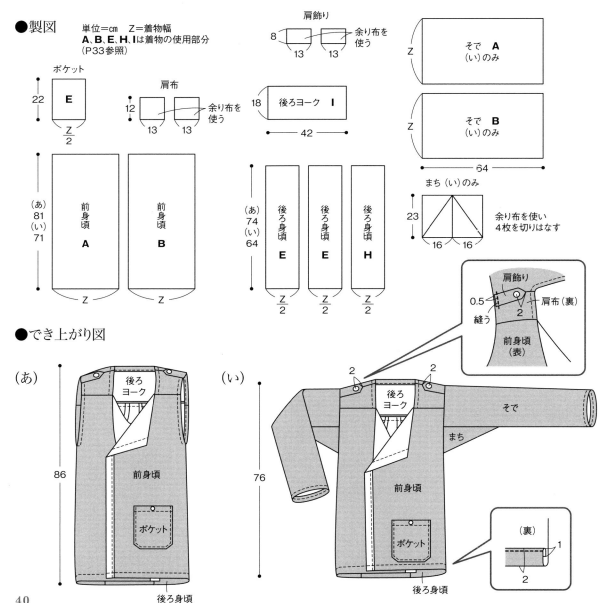

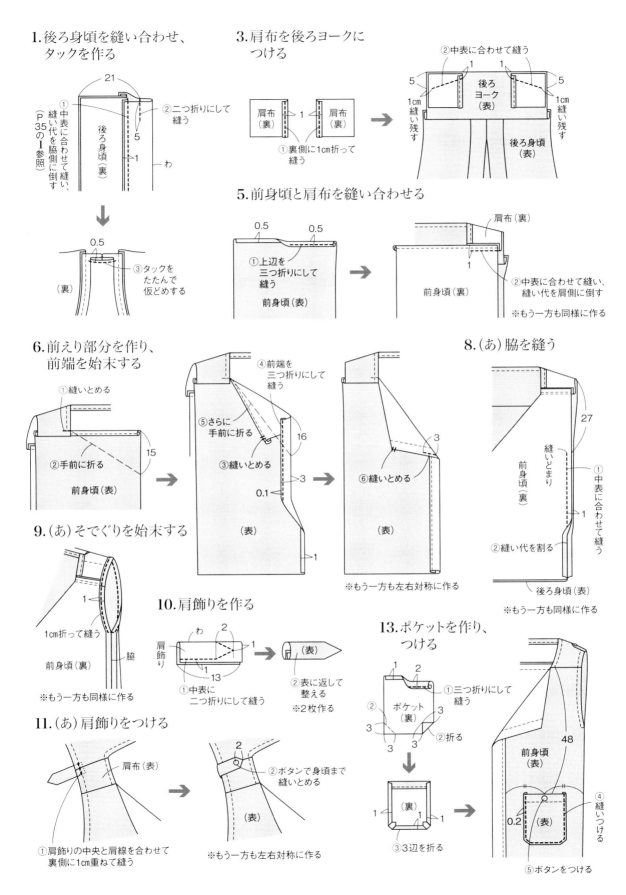

ふわりワンピースコート

（あ）
ふわりワンピース
コート

（い）
ふわりワンピース
コート・ロング

材料
（あ）着物……1枚
　　　1cm幅の綿テープ（ひも用）
　　　　……54cmを4本
　　　1.2cm幅の伸びどめ接着テープ
　　　　……110cm
（い）着物……1枚
　　　ポケット用別布……着物幅×64cm
　　　1.5cm幅のサテンリボン（ひも用）
　　　　……54cmを4本
　　　1.2cm幅の伸びどめ接着テープ
　　　　……110cm

作り方　※布端の処理はP33参照
1. 後ろ身頃を縫い合わせる（P35の1①参照）
2. 前身頃のえりぐりを作る
3. 肩を縫い、後ろえりぐりを始末する
4. そでを縫い合わせ、まちをつけてそで下を縫う
5. そで口を始末する（P39の6参照）
6. 脇を縫う（P39の7①②参照。ただしひも通しはなし）
7. ポケットを作る
8. スカートを縫い合わせ、ポケットをつける
9. スカートにギャザーを寄せ、身頃と縫い合わせる
10. 前端と脇にひもをつける（でき上がり図参照）

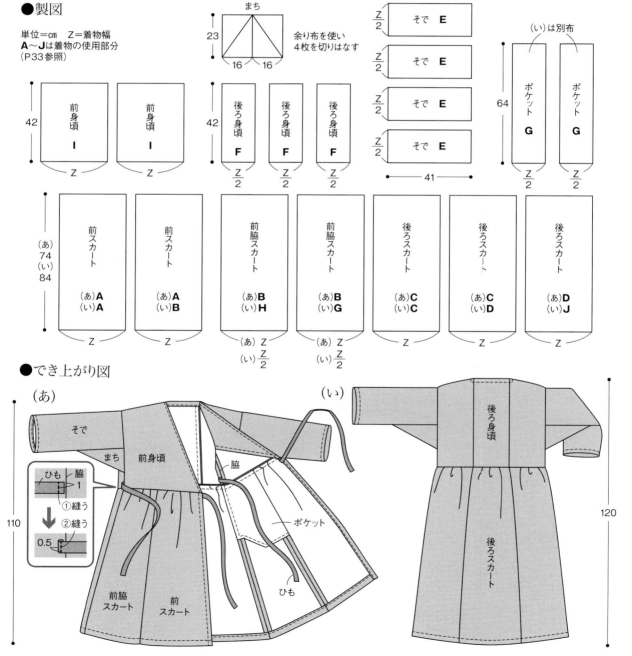

2. 前身頃のえりぐりを作る

3. 肩を縫い、後ろえりぐりを始末する

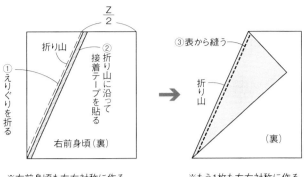
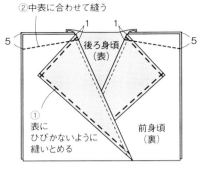

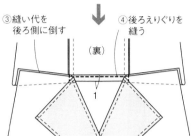

4. そでを縫い合わせ、まちをつけてそで下を縫う

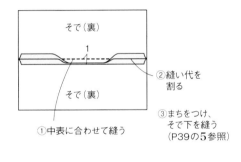

7. ポケットを作る

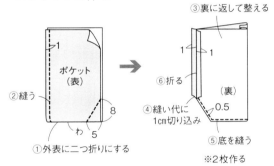

8. スカートを縫い合わせ、ポケットをつける

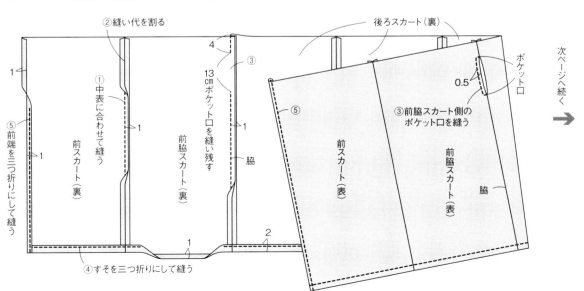

次ページへ続く

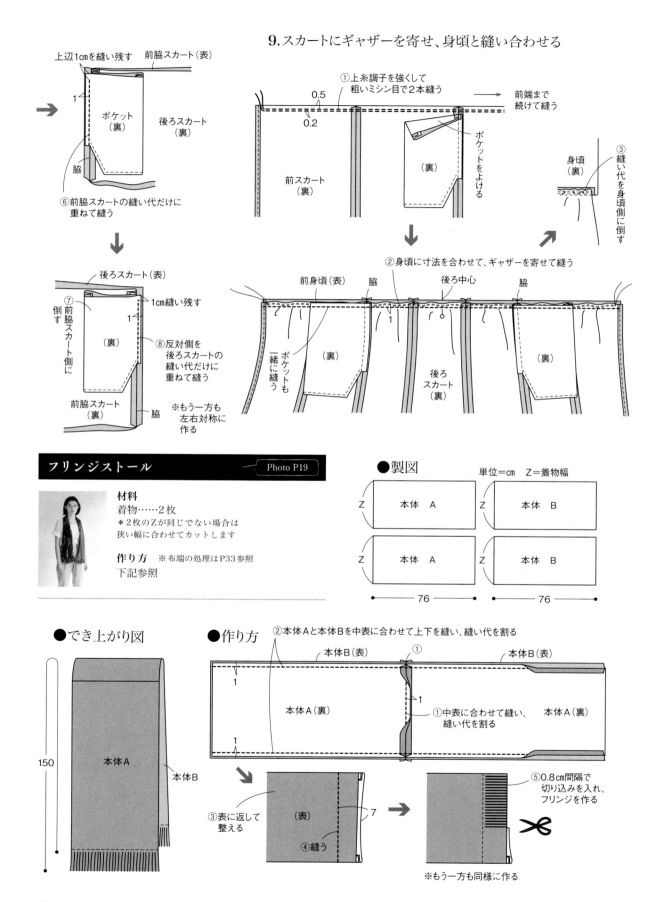

つぼみボレロ

（あ）つぼみボレロ
（い）つぼみボレロ・あわせいろ

Photo P10,11

材料
- （あ）着物……1枚
- （い）着物……1枚
  身頃用別布（赤）……着物幅×116cm

作り方　※布端の処理はP33参照
1. 身頃を縫い合わせ、ダーツを縫う
2. 筒に縫い、あき口を作る
3. カフスを作り、つける

●製図　単位＝cm
Z＝着物幅
A、B、Hは着物の使用部分
（P33参照）

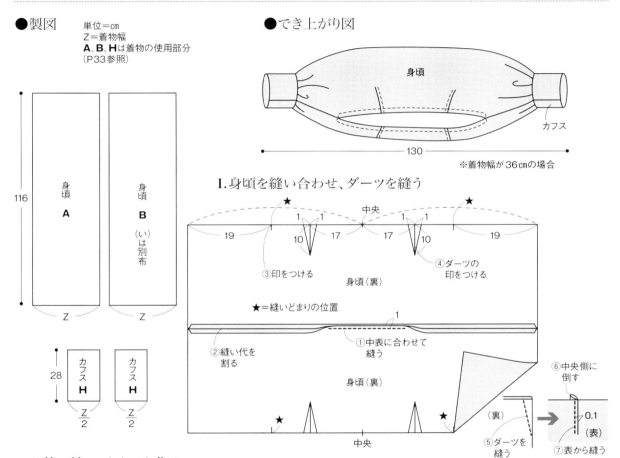

●でき上がり図

※着物幅が36cmの場合

1. 身頃を縫い合わせ、ダーツを縫う

★＝縫いどまりの位置

2. 筒に縫い、あき口を作る

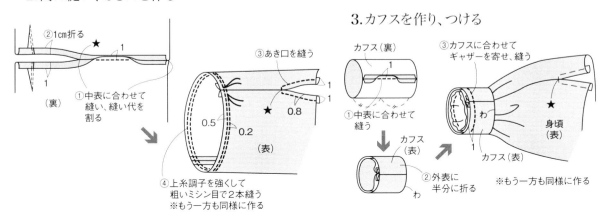

3. カフスを作り、つける

※もう一方も同様に作る

タウンコート

Photo P16,17

（あ）タウンコート

（い）タウンジャケット

材料
（あ）着物……1枚
　　　直径2.3cmのボタン
　　　　　　……7個
（い）着物…1枚
　　　直径2.2cmのボタン
　　　　　　……4個

作り方 ※布端の処理はP33参照
1　後ろ身頃を縫い合わせ、タックを作る
2　後ろヨークと後ろ身頃を縫い合わせる（P35の2参照）
3　肩布を後ろヨークと前身頃につける
4　そでにまちをつけ、そで下を縫う（P39の5参照）
5　そで口を始末する（P39の6参照）
6　脇を縫い、えりつけ寸法を測る
　（P39の7参照。ただしひも通しはなし）
7　身頃にそでをつける（P39の8参照）
8　えりを作る
9　左右の前中央をそれぞれ作る
10　身頃にえりと前中央をつける
11　すそを始末する（でき上がり図参照）

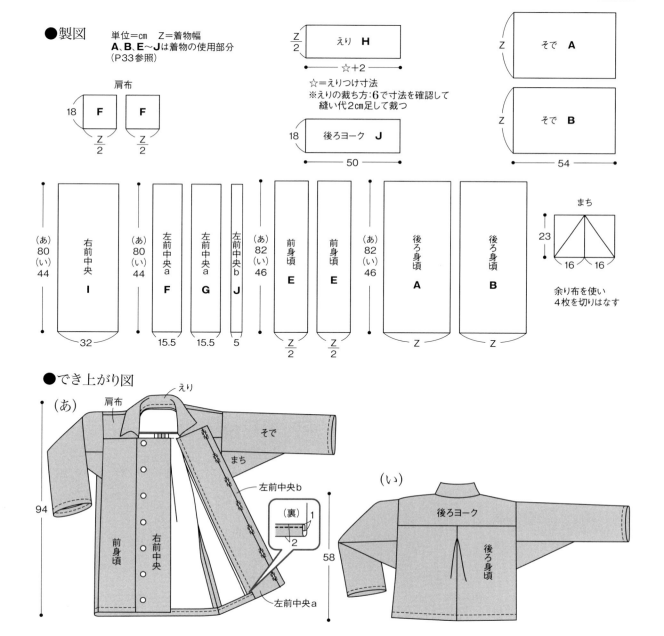

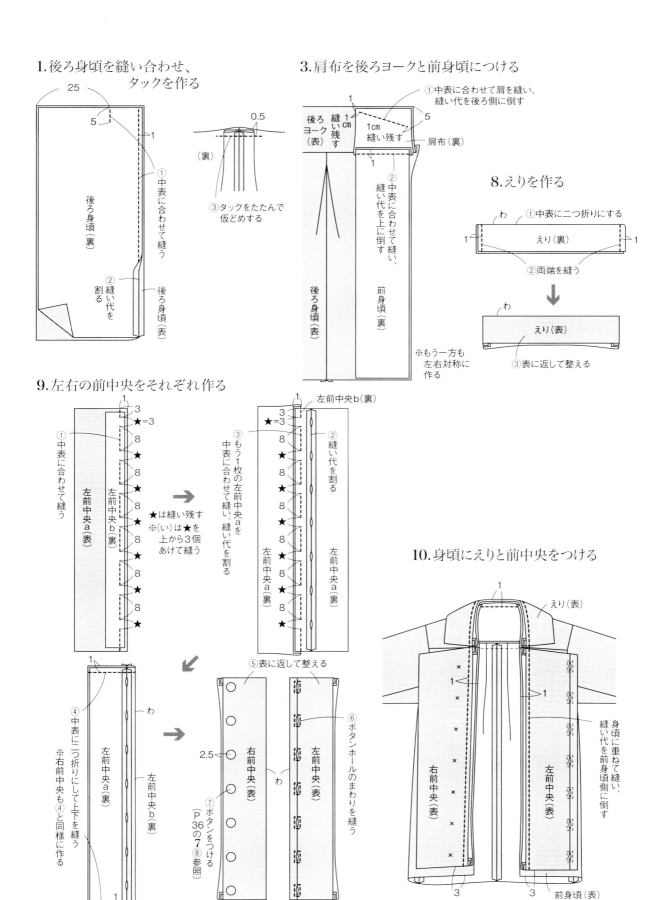

はおりえり

（あ）はおりえり
（い）はおりえり・ショート

材料
（あ）着物……1枚
（い）着物……1枚

作り方 ※布端の処理はP33参照
1 後ろ身頃を縫い合わせ、タックを作る
2 肩を縫う
3 そでにまちをつけ、そで下を縫う（P39の5参照）
4 そで山にタックを作り、そで口を始末する
5 脇を縫う
6 身頃にそでをつける（P39の8参照）
7 えりを作る
8 すそを始末する（でき上がり図参照）
9 身頃にえりをつける

●製図　単位＝cm　Z＝着物幅
A～D、F、G、Iは着物の使用部分
（P33参照）

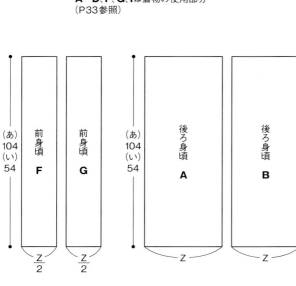
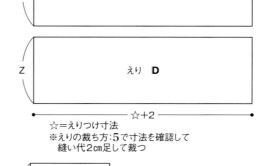
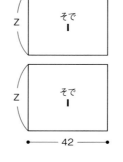
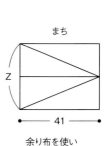

☆＝えりつけ寸法
※えりの裁ち方:5で寸法を確認して
縫い代2cm足して裁つ

余り布を使い
4枚を切りはなす

●でき上がり図

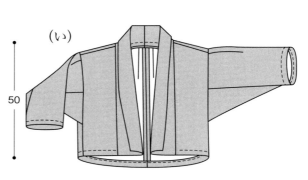

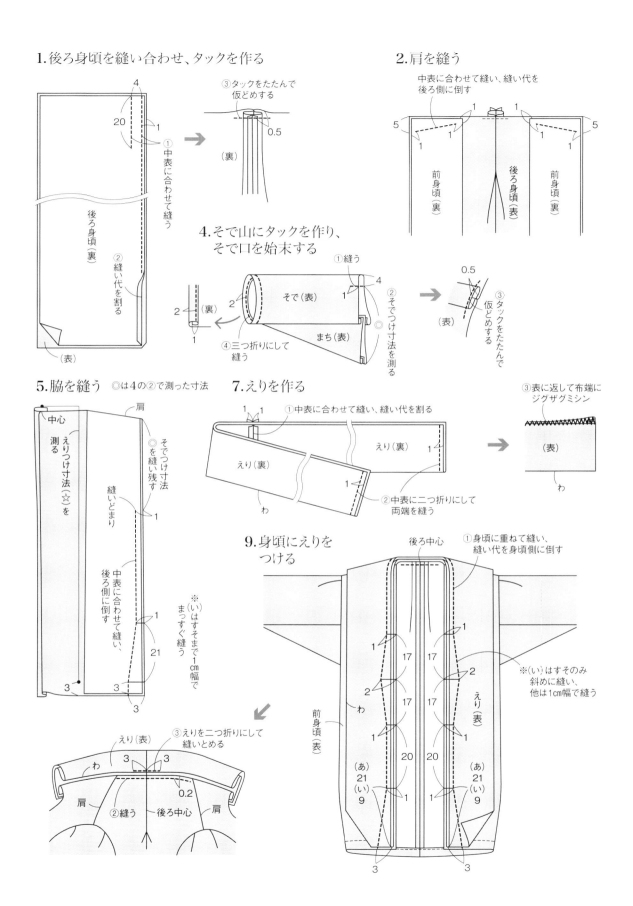

おりめシャツ

Photo P20,21

（あ）
おりめシャツ・ロング

（い）
おりめシャツ

材料
（あ）（い）共通
着物……1枚
1.2cm幅の伸びどめ接着テープ……30cm
直径1cmのボタン……4個
スナップボタン（小）……3組
ボタンループ……4個

作り方
※布端の処理はP33参照

1 後ろ身頃を縫い合わせ、タックを作る
2 前端を始末する
3 前身頃にピンタックを作る
4 前えりぐりを作る
5 肩を縫い、後ろえりぐりを始末する（P43の3参照）
6 そでにまちをつけ、そで口を始末する（P39の5、6参照）
7 脇を縫う
8 身頃にそでをつける（P39の8参照）
9 ポケット口とスリットを作る
10 ポケットをつける
11 ボタンとループ、スナップボタンをつける（でき上がり図参照）
12 すそを始末する（P36の9参照）

●製図
単位＝cm　Z＝着物幅
A～E、Gは着物の使用部分（P33参照）

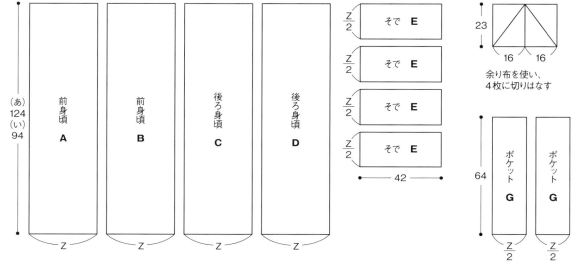

●でき上がり図

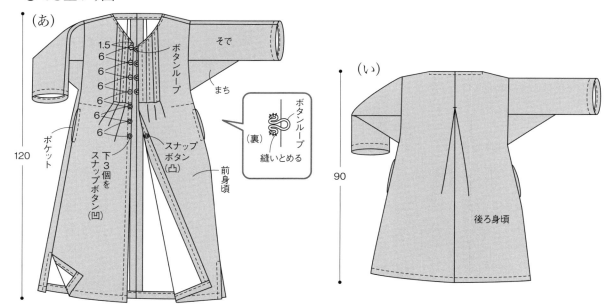

1. 後ろ身頃を縫い合わせ、タックを作る

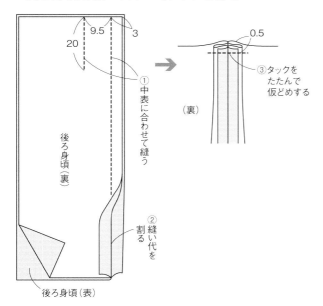

2. 前端を始末する

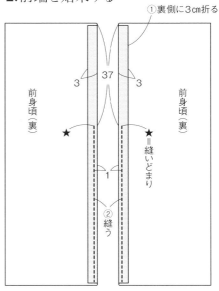

3. 前身頃にピンタックを作る

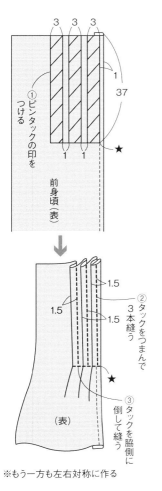

※もう一方も左右対称に作る

4. 前えりぐりを作る

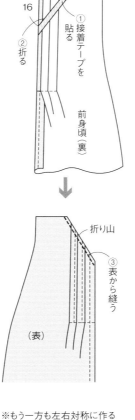

※もう一方も左右対称に作る

7. 脇を縫う

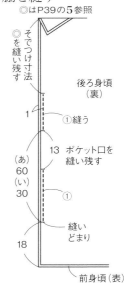

9. ポケット口とスリットを作る

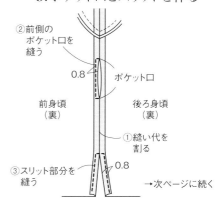

→次ページに続く

10. ポケットをつける

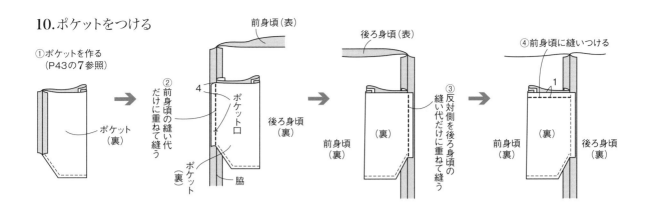

しまいろスカーフ

材料
着物……青、白の無地各1枚

作り方
下記参照

Photo P18

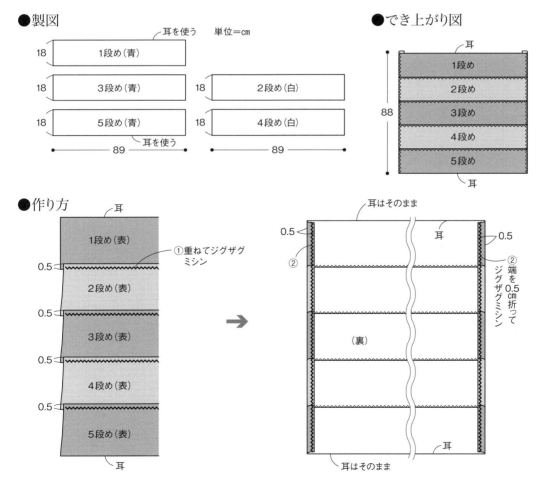

帯ポシェット

材料
帯……1枚
別布……適宜
0.6cm幅のサテンリボン……2cmを2枚
内径1.2cmの丸カン……2個
ナスカン2個つきチェーン
　……長さ100cmを1本
直径2cmのマグネットボタン……1組

作り方
1 フリルを作る
2 フリルをはさんで袋布を作る
3 内袋を作る
4 袋布と内袋を縫い合わせる

● 製図　単位＝cm　Z＝帯幅　　　　　　　　　● でき上がり図

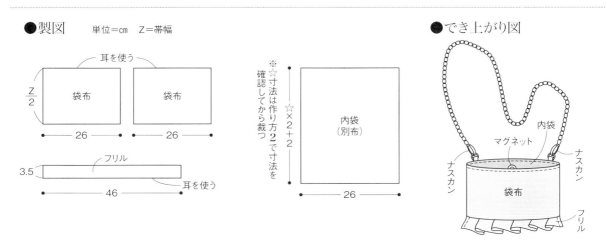

1. フリルを作る

2. フリルをはさんで袋布を作る

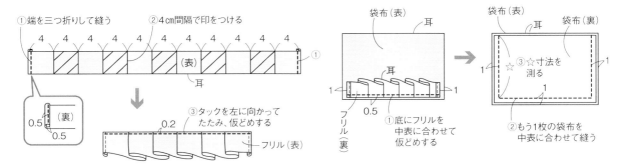

3. 内袋を作る

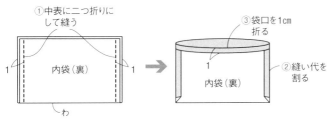

4. 袋布と内袋を縫い合わせる

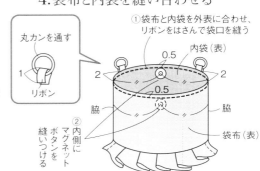

帯ジャン

→Photo P22,23

（あ）
帯ジャン

（い）
帯ジャン・ファスナー

材料
- （あ） 表布（帯）……1枚
  裏布（着物）……1枚
  スナップボタン……1組
- （い） 帯……1枚
  別布（そで、まち分）
  　……帯幅×適宜
  裏布（着物）……1枚
  オープンファスナー
  　……長さ50cmを1本

作り方 ※布端の処理はP33参照
1. 後ろ中央と後ろ身頃を縫い合わせ、肩ダーツを縫う
2. （あ）後ろ身頃に前身頃をつける
   （い）前身頃にファスナーをつけ、後ろ身頃につける
3. そでにまちをつけ、そで下を縫う（P39の5参照）
4. 脇を縫う
5. 身頃にそでをつける（P39の8参照）
6. 裏身頃を作る（（い）の1～5と同様に作る）
7. 表身頃と裏身頃を縫い合わせる
8. （あ）スナップボタンをつける（でき上がり図参照）

●製図
単位＝cm　Z＝帯幅　表布、裏布共に各パーツを裁断する

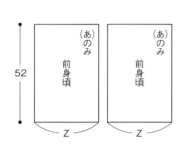

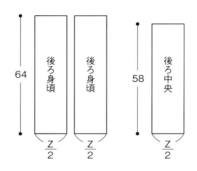

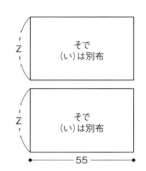

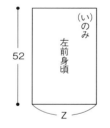

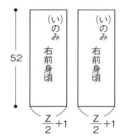

※（い）の右前身頃の裏布は左前身頃と同じ大きさにカットする

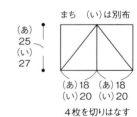

●でき上がり図

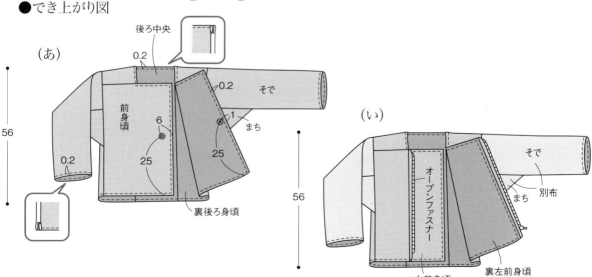

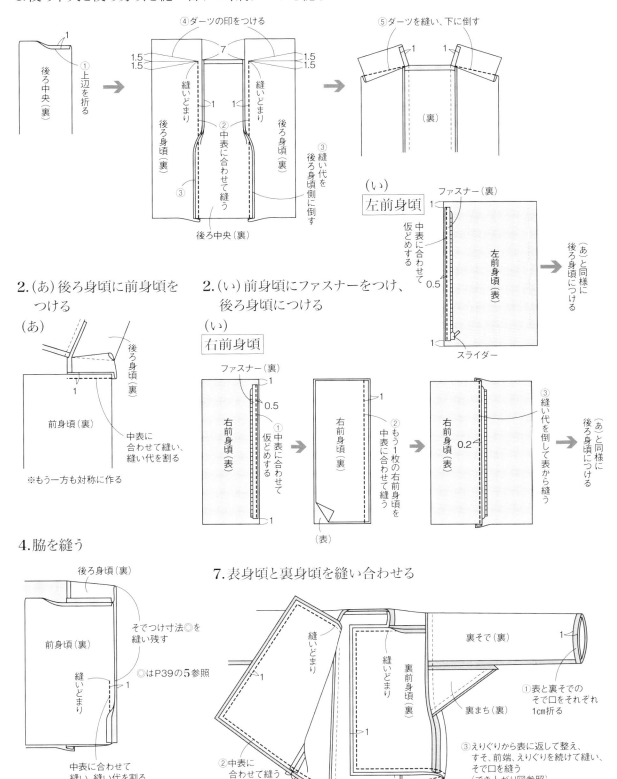

きものケープ

(あ)
きものケープ・
ともえり
フェイクファー

(い)
きものケープ・
フード

材料

(あ) 着物…1枚
　　替ええり用
　　(フェイクファーのリボンテープ)
　　　……えりつけ寸法の長さ×10cm
　　スナップボタン(小) ……19組
　　1.2cm幅の伸びどめ接着テープ
　　　……40cm

(い) 着物……1枚
　　トックルボタン……3組
　　スナップボタン(小)……5組
　　1.2cm幅の伸びどめ接着テープ
　　　……40cm

作り方 ※布端の処理はP33参照

1. 後ろ身頃を縫い合わせる
2. 前えりぐりを作り、そでを身頃につける
3. 前端を縫い、後ろ身頃と合わせて肩と脇を縫う
4. 後ろえりぐりを始末する(P36の6参照)
　[(あ)のみ]
5. そでぐりを始末する
6. (あ) えりと替ええりを作る
　(い) フードを作る
7. すそを始末する(でき上がり図参照)
8. スナップボタンをつける(でき上がり図参照)
　(い)はトックルボタンもつける

● **製図**　単位＝cm　Z＝着物幅
　A〜D、F、Gは着物の使用部分
　(P33参照)

☆＝えりつけ寸法
※えりの裁ち方:6で
　寸法を確認して裁つ

● **でき上がり図**

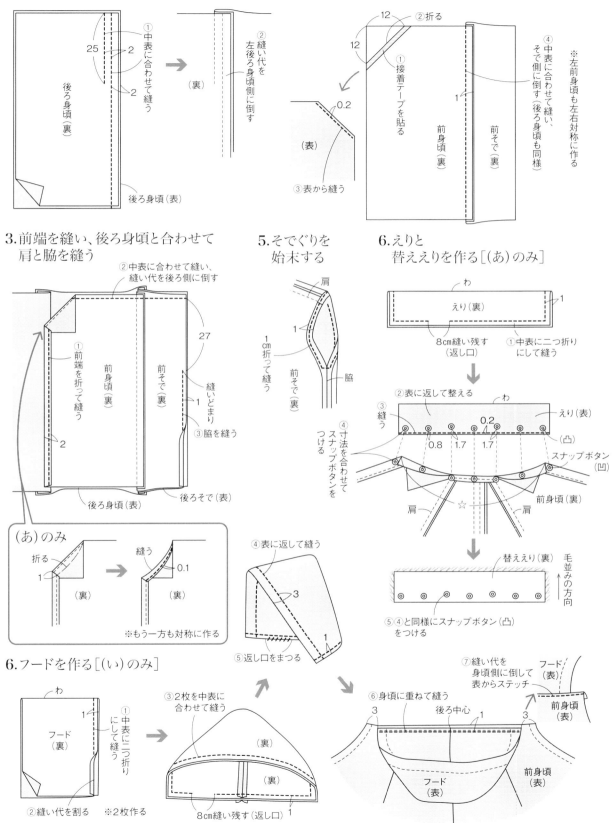

あわせフリースベスト

Photo P26,27

（あ）
あわせフリース
ベスト

（い）
あわせフリース
コート

材料
（あ）着物……1枚
　　　フリース……110cm幅×約130cm
　　　1cm幅のバイアステープ
　　　（四つ折りのスエードタイプ）
　　　　……50cmを2本（そでぐり）、
　　　　　125cmを1本（すそ）

（い）着物……1枚
　　　フリース……110cm幅×約170cm
　　　1cm幅のバイアステープ
　　　（四つ折りの綿タイプ）
　　　　……約40cmを2本（そで口）、
　　　　　45cmを2本（スリット）
　　　チャイニーズボタン……4組

作り方　※布端の処理はP33参照
1. 後ろ身頃を縫う
2. そでを作る（P39の5参照）[（い）のみ]
3. 前身頃の前端とえりぐりを作り、肩と脇を縫う
4. 裏身頃を作る
5. （あ）表身頃と裏身頃を縫い合わせ、そでぐりに
　　　 ギャザーを寄せてバイアステープで始末する
　　 （い）そでを身頃につけ、表身頃と裏身頃を縫い
　　　 合わせる
6. （あ）すそをバイアステープで始末する
　　 （い）スリットをバイアステープで始末する
7. （い）チャイニーズボタンをつける
　　　 （でき上がり図参照）

●製図
単位＝cm　Z＝着物幅
A、B、Iは着物の使用部分
（P33参照）

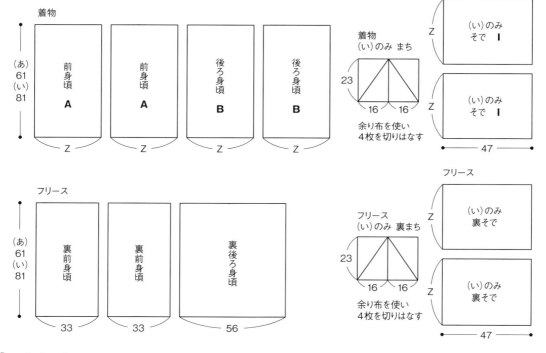

●でき上がり図

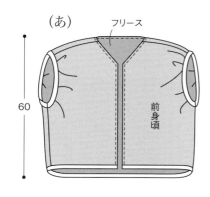

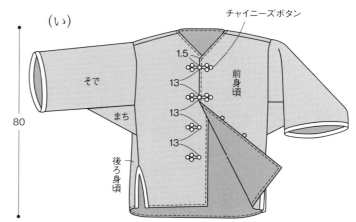

1. 後ろ身頃を縫う

3. 前身頃の前端とえりぐりを作り、肩と脇を縫う

4. 裏身頃を作る

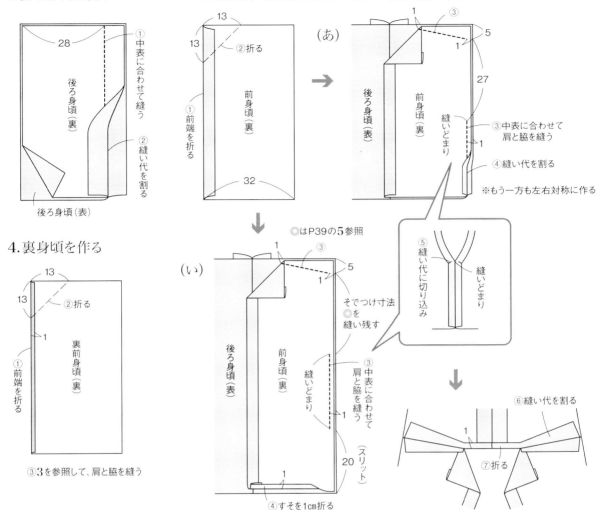

5.（あ）表身頃と裏身頃を縫い合わせ、
　　そでぐりにギャザーを寄せてバイアステープで始末する

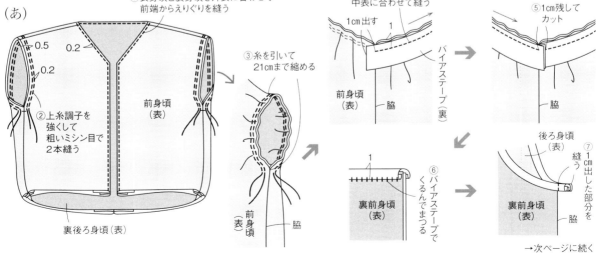

→次ページに続く

5.(い) そでを身頃につけ、表身頃と裏身頃を縫い合わせる

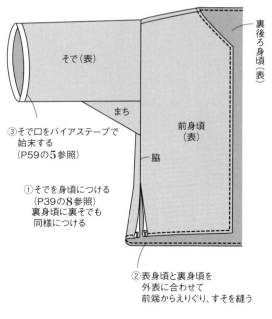

6.(あ) すそをバイアステープで始末する

(あ)

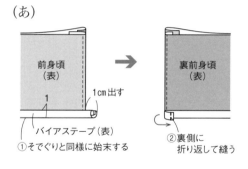

6.(い) スリットをバイアステープで始末する

(い)

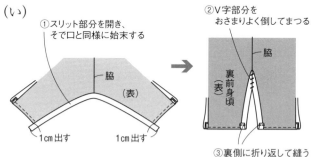

ボンボンスカーフ　Photo P19

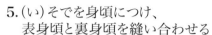

材料
着物……2枚
着物のはぎれ(ボンボン用)……適量
＊2枚の着物幅(Z)が同じでない場合は狭い幅に合わせてカットします
太さ0.2cmのひも……2cm
引き輪……2個
＊ボンボンの作り方、製図はP63参照

●製図　単位=cm　Z=着物幅

●でき上がり図　　●作り方

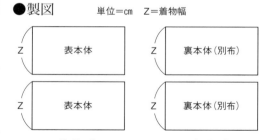

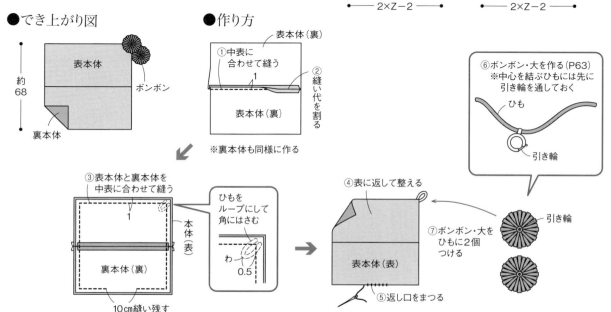

しかく・バッジ

（あ）　（い）　（う）

材料
着物のはぎれ……適量
キルト芯……適量
【（あ）（い）】ボタン……好みの数
ブローチピン
【（う）】シューズクリップ、足つきボタン

作り方
1　本体を作る
2　アレンジする

● 製図　単位＝cm（各種共通）

● でき上がり図

1. 本体を作る

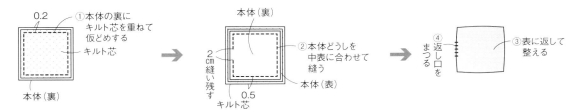

2. アレンジする

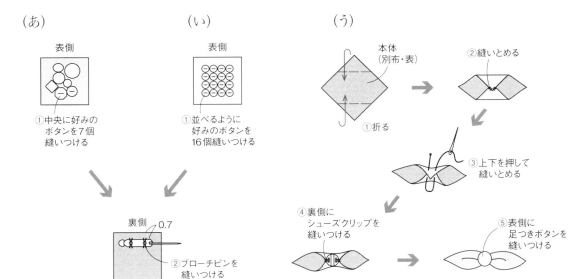

ワークボタンベスト

Photo P28,29

（あ）ワークボタンベスト　（い）ワークボタンベスト・ショート

材料
（あ）着物……1枚
　　　別布（無地の着物）
　　　　……1枚
　　　直径2cmのボタン
　　　　……5個
（い）着物……1枚
　　　太さ0.3cmのひも
　　　　……28cm
　　　直径2cmのボタン
　　　　……4個

作り方　※布端の処理はP33参照
1. 腰ポケットを作り、つける
2. 後ろ身頃を縫い合わせ、タックを作る（P35の1参照）
3. 後ろヨークと後ろ身頃を縫い合わせる（P35の2参照）
4. 肩布を後ろヨークにつける（P35の3参照）
5. 脇身頃を身頃につける（P35の4参照）
6. そでぐりを始末する（P35の5参照）
7. 後ろえりぐりを始末する（P36の6参照）
8. 布ループを作る［（あ）のみ］
9. 左右の前中央をそれぞれ作る
10. 前身頃に前中央をつけ、前えりぐりを始末する（P36の8参照）
11. すそを始末する（P36の9参照）
12. 左右の胸ポケットを作り、つける［（あ）のみ］
13. ボタンをつける（でき上がり図（あ）参照）

● 製図　単位＝cm　Z＝着物幅
E、F、G、Iは着物の使用部分
（P33参照）

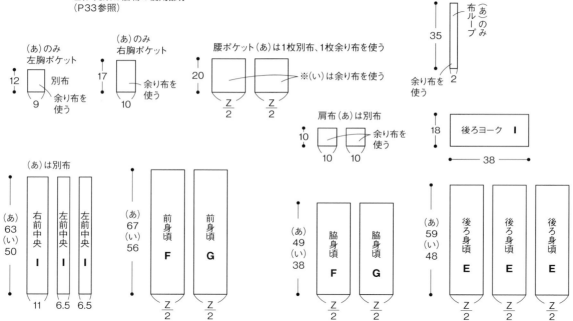

● でき上がり図

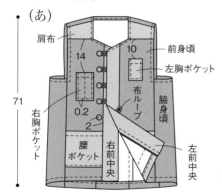

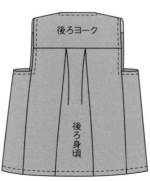

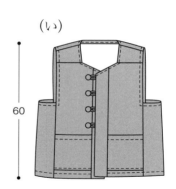

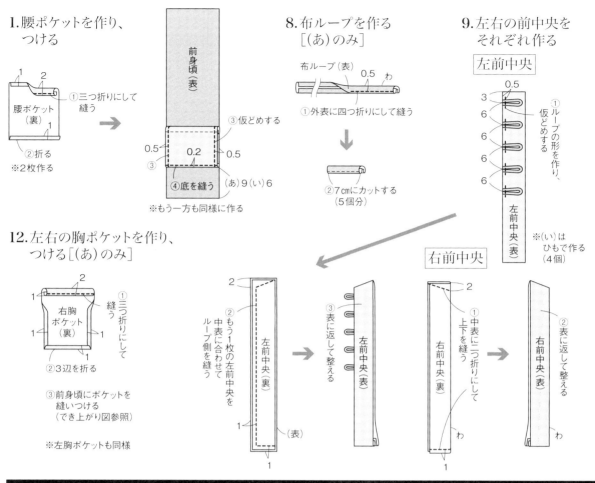

まる・ボンボン

Photo P30

材料
着物のはぎれ……適量
厚紙……9×5cm
ブローチピン……適宜

作り方
下記、P30の写真参照

●製図　単位=cm　Z=着物幅

●作り方

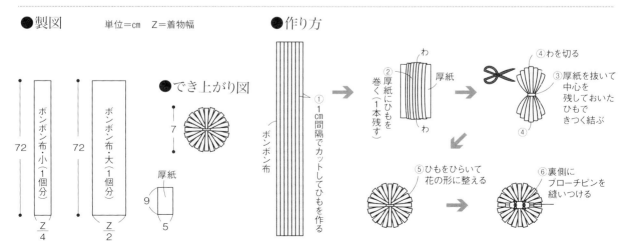

Profile

松下純子
Junko Matsushita
(Wrap Around R.)

神戸出身、大阪府在住。文学部を卒業後、水着パタンナーとして就職。2005年にWrap Around R.（ラップアラウンドローブ）を立ち上げ「着物が持つ豊かな柄や素材を、今の暮らしにあったカタチにして提案したい」という思いから、着物の幅を生かした服作りをコンセプトに活動し評判に。現在、テレビや雑誌で活躍中。築80年の町家を再生したアトリエ兼ショールームでは、着物リメイク教室や「暮らしを、継ぐ。」をテーマにさまざまな展覧会、ワークショップを開催している。アトリエ名はRojiroom（ロジルーム）。

著書に『型紙いらずの着物リメイク・ドレス』『型紙いらずの着物リメイク・ワードローブ』『型紙いらずの着物リメイク・パンツ＆スカート』『型紙いらずの「黒着物」リメイク』（ともに河出書房新社）、『ゼロからはじめる手縫いの楽しみ ちくちく和小物』（青春出版社）など。

ホームページ「Wrap Around R.」http://w-a-robe.com/
教室の日程、展覧会の情報などはこちら。

本書の内容に関するお問い合わせは、
お手紙かメール（jitsuyou@kawade.co.jp）にて承ります。
恐縮ですが、お電話でのお問い合わせは
ご遠慮くださいますようお願いいたします。

衣装協力	fog linen work 東京都世田谷区代田 5-35-1-1F 電話 03-5432-5610 TITLES 東京都渋谷区千駄ヶ谷3-60-5 オー・アール・ディ 原宿ビル1F 電話 03-6434-0616

Staff

ブックデザイン	釜内由紀江、石川幸彦（GRiD）
撮影	下村しのぶ（カナリアフォトスタジオ）
スタイリング	池水陽子
ヘアメーク	梅沢優子
モデル	Sakura Maya Michiki（AMAZONE）
製図と作り方原稿	網田洋子
編集協力	岡田範子
トレース	松尾容巳子
縫製アシスタント	清水真弓、浅香美佐子、阪本真美子
編集	斯波朝子（オフィスCuddle）

本書に掲載されている作品及びそのデザインの無断利用は、個人的に楽しむ場合を除き、著作権法で禁じられています。本書の全部または一部（掲載作品の画像やその作り方図等）を、ホームページに掲載したり、店頭、ネットショップ等で配布、販売したりするには、著作権者の許可が必要です。

型紙いらずの着物リメイク
はおりもの 〜ベスト・ジャケット・コート〜

2016年9月30日初版発行
2024年8月30日11刷発行

著者	松下純子
発行者	小野寺優
発行所	株式会社河出書房新社 〒162-8544 東京都新宿区東五軒町2-13 電話 03-3404-8611（編集） 　　 03-3404-1201（営業） http://www.kawade.co.jp/

印刷・製本　TOPFANクロレ株式会社
ISBN978-4-309-23593-1

Printed in Japan

落丁・乱丁本はお取り替えいたします。
本書のコピー、スキャン、デジタル化等の無断複製は著作権法上での例外を除き禁じられています。本書を代行業者等の第三者に依頼してスキャンやデジタル化することは、いかなる場合も著作権法違反となります。